5R
99

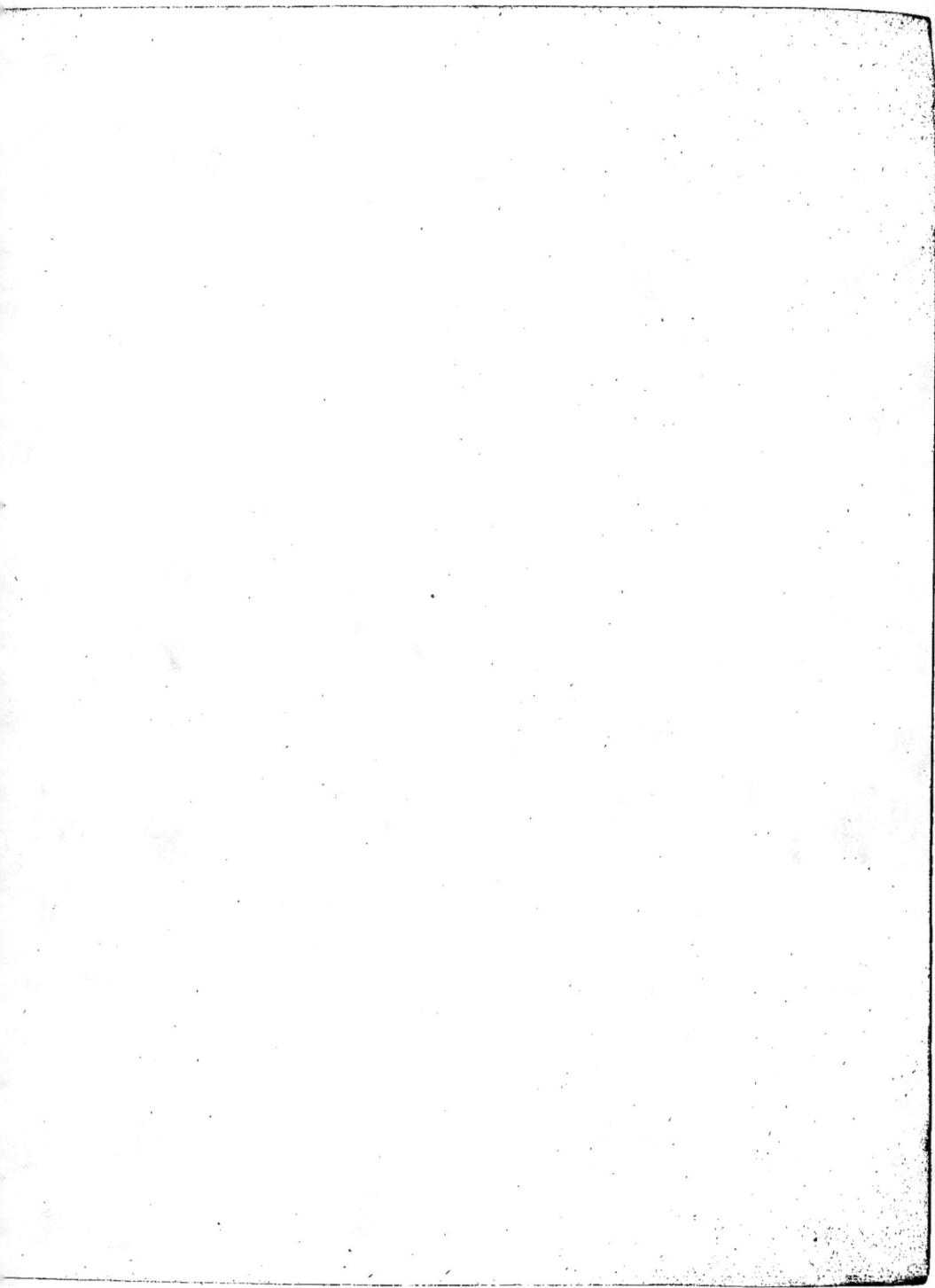

Conserver cette couverture.

CHATEAUDUN

CHATEAUDUN

Journée du 18 Octobre 1870

RAPPORT DU MAIRE DE CHATEAUDUN

A M. LE MINISTRE DE L'INTÉRIEUR

A Monsieur le Ministre de l'Intérieur,

Le Maire de Châteaudun (Eure-et-Loir).

Monsieur le Ministre,

J'ai l'honneur de vous adresser un rapport sur les événements dont notre ville vient d'être le triste et, permettez-moi d'ajouter, le glorieux théâtre. — Je me bornerai à raconter simplement les faits : ils portent, avec eux, une éloquence et une signification auxquelles je ne pourrais rien ajouter.

Le mardi 18 octobre 1870, à midi, la ville de Châteaudun a été surprise, investie et attaquée par un corps d'armée prussienne, dont l'importance, qui ne nous fut connue que plus tard, s'élevait à douze mille hommes au moins, infanterie et cavalerie, avec 24 pièces d'artillerie et des mitrailleuses.

Aucune déclaration, aucune sommation ne précéda cette agression, dont nous n'avions malheureusement point été informés. — Toutefois, nous étions tenus en éveil, depuis quelques jours, par tout ce qui passait dans nos environs.

Outre sa garde nationale sédentaire, la ville ne possédait qu'un bataillon de francs-tireurs de Paris, une compagnie de francs-tireurs de Nantes et quelques francs-tireurs du Var, en tout douze cents combattants au plus, qui n'hésitèrent pas à courir aux barricades, dressées depuis quelques jours ; ces barricades se trouvaient alors gardées seulement par les gardes nationaux sédentaires de Châteaudun.

Les francs-tireurs de Paris, qui avaient dû quitter notre ville ce jour-là même, à dix heures du matin, y avaient été heureusement retenus, grâce à un ordre que j'avais sollicité par télégramme, dans la nuit, et obtenu du Ministre de la guerre. — Ce même jour, le bataillon des mobiles du Gers était parti de Châteaudun à cinq heures du matin, et il n'a pas été possible de le faire revenir à notre secours, quoique je leur aie expédié, dès dix heures du matin, un ordre précis du Ministère dans ce sens.

En un instant, l'artillerie ennemie fut mise en batterie, formant un cercle qui nous enveloppait, à un kilomètre, de l'Est à l'Ouest, et nous bombarda de midi et demi à six heures et demie du soir, sans relâche, en nous inondant de projectiles creux, de mitraille et de fusées incendiaires, au nombre de trois à quatre mille, car je pus constater, à plusieurs reprises, une moyenne de dix coups à la minute.

La plupart des maisons furent atteintes et plus ou moins gravement endommagées, mais l'objectif principal était visiblement les édifices publics : les églises de la Madeleine et de Saint-Valérien, l'hôtel de la Sous-Préfecture ; — et, ce qui est triste à dire, l'Hôpital a été percé d'une multitude de projectiles. On voudrait, mais on ne le peut, invoquer l'erreur ou le hasard ; sa position isolée, son grand drapeau ne laisse aucun doute sur les intentions de l'ennemi. Les salles exposées au feu ont toutes été traversées par les obus, et l'un de ces projectiles, passant entre le chirurgien qui venait d'amputer un blessé et la sœur qui l'assistait, a jeté, dans la salle, une telle terreur que tous les blessés, y compris l'amputé, se sont précipités sans vêtements dans les caves.

L'Hôtel-de-Ville a été criblé et traversé dans tous les sens ; j'ai considéré que mon poste était là, et j'y suis resté de midi à onze heures du soir, accompagné de M. Humery, conseiller municipal ; nous avons pu préserver cet édifice de l'incendie qui s'y est manifesté plusieurs fois. Les autres conseillers étaient retenus au dehors par leurs devoirs ou absents en mission ; ceux qui font partie de la garde nationale sédentaire étaient à leur poste de combat.

On peut dire qu'aucune barricade n'a été enlevée, mais celle de la rue de Chartres put être tournée par suite d'une disposition mal choisie dans sa construction ; ce fut par là, et malgré les pertes énormes qu'ils subirent à cette barricade, que les Prussiens, tenus en échec et décimés de tous les autres côtés, purent entrer vers sept heures et demie et firent irruption dans la ville.

La retraite des nôtres se fit alors en bon ordre et il n'y eut plus que quelques combats partiels dans les rues et surtout sur la Place Royale, occupée successivement par les Français et les Prussiens ; les cadavres de ceux-ci, à un certain moment, couvraient littéralement le sol.

A partir de neuf heures et demie ou dix heures, on n'entendait plus que des coups de fusils isolés, tirés par les Prussiens embusqués dans chaque rue.

Alors s'élevaient les flammes de quelques maisons incendiées par les bombes et par les fusées, et, alors aussi, commençait leur œuvre sauvage de destruction : — Envahissement des maisons à coups de haches, pillage, vols, assassinats, et surtout incendies mis à la main. — Toutes ces atrocités se continuent pendant la nuit entière et pendant la journée suivante, sous la direction d'une organisation disciplinée, qui en fait remonter la responsabilité jusqu'au gouvernement prussien ; il paraît d'ailleurs certain que le Prince Albert et le Prince de Saxe y présidaient.

Longtemps après le combat, dans la nuit et le lendemain, de paisibles habitants, des vieillards, des malades sont tués chez eux et sur leurs portes à coups de fusils et de revolvers; quelques-uns sont brûlés dans leurs lits sous lesquels le feu est mis; des blessés sont jetés vifs dans les flammes d'où ils ont été retirés tellement carbonisés qu'il a été impossible de les reconnaître.

Une centaine de personnes de tout âge, de toute condition, prises au hasard dans la ville, des infirmes, des vieillards, de tout jeunes hommes, presque des enfants, sont enlevés le lendemain du combat, et conduits comme prisonniers, en Allemagne ; ce nombre de captifs était prescrit et devait former un trophée digne d'une telle victoire.

Ces faits sont de la plus scrupuleuse exactitude.

Tout commentaire est inutile ; dans quelle langue, au surplus, pourrait-on trouver des termes pour qualifier de tels actes ?

Après un bombardement de six heures par 24 canons et des mitrailleuses, après un combat de neuf heures, où, au nombre de 1,200 au plus, nous avons lutté contre 12,000, voici quelles ont été nos pertes :

Dans le combat, 30 tués et 40 blessés ; au nombre de ces derniers est M. Testanière, le brave commandant de notre garde nationale sédentaire, qui, non content de commander et de diriger ses hommes, les encourageait en faisant, comme eux et avec eux, le coup de fusil.

Les pertes des Prussiens ont été énormes et quoique, suivant leur habitude, ils aient enlevé en toute hâte leurs morts et leurs blessés avec un soin extrême, on a pu avoir des renseignements par les conversations de leurs chefs que plusieurs personnes ont entendues ; leurs appréciations les plus modérées portent leurs tués et blessés à 2,000 dont 30 officiers tués; d'autres les évaluent infiniment plus haut.

235 maisons de Châteaudun sont complètement détruites par l'incendie, avec tout ce qu'elles contenaient ; 28 ne le sont qu'en partie.

De ce nombre de 235 maisons, 12 seulement ont été incendiées par le bombardement; toutes les autres l'ont été par la main prussienne, sauf quelques-unes où le feu a pris par communication.

Douze personnes ont été asphyxiées et brûlées sous les débris de leurs maisons.

Toutes ces maisons détruites étaient situées dans le quartier principal et presqu'exclusif du commerce ; et si, par leur nombre, elles ne forment pas la moitié de la ville, elles la représentent par leur importance et par la valeur de ce qu'elles contenaient.

Il est incontestable que le résultat de la lutte aurait été tout différent si nous avions reçu les secours et l'appui que nous étions en droit d'attendre, puisque les gardes mobiles du Gers, partis de Châteaudun, comme je l'ai dit plus haut, y avaient été rappelés par exprès expédiés une première fois dès le matin et une seconde fois plus tard. — On a parlé aussi de mobiles qui se trouvaient à Brou et qui se seraient arrêtés à mi-chemin de notre ville.

Pendant toute la journée du mardi, je suis resté installé à l'Hôtel-de-Ville, comme je l'ai déjà expliqué ; à onze heures du soir, ne pouvant plus compter sur la visite des Prussiens, que j'y avais vainement attendus, je pris le parti d'en sortir; mais je fus accueilli par des coups de fusils tirés sur moi par des factionnaires apostés à la porte de ma maison; elle avait été envahie dès neuf heures par une bande de forcenés, poussant des cris de mort, et qui me cherchaient dans les environs et partout ailleurs qu'à la mairie.

M. Humery, conseiller municipal, en me quittant, avait, lui aussi, échappé, presque par miracle, à la fusillade dont il avait été poursuivi.

Le lendemain matin, je pus me mettre en rapport avec les chefs prussiens ; M. le Sous-Préfet avait bien voulu se joindre à moi et j'étais accompagné des conseillers municipaux qui avaient pu être réunis à la hâte.

Le Conseil municipal demeura en permanence, comme les jours précédents. — Il nous fallut discuter et subir les exigences et les exactions les plus dures et les plus humiliantes. — A trois heures du soir, nous étions sommés, sous les menaces les plus violentes, de compter, à six heures, une contribution de guerre de 200,000 francs que nous avons pu faire réduire à 52,000 francs, somme encore exorbitante pour notre ville à moitié anéantie et déserte.

Les humiliations de cette journée nous l'ont fait trouver plus cruelle que celle du bombardement.

Tous les gardes nationaux sédentaires, qui ont combattu sur les barricades ou en tirailleurs, ont fait vaillamment leur devoir, à côté des francs-tireurs dont ils recevaient l'exemple du courage et du dévouement.

Je ne veux vous citer que les noms des fonctionnaires et des magistrats qui n'ont pas abandonné Châteaudun les 18 et 19 octobre ; ce sont : M. Milochau, sous-préfet, qui est résolument resté à son poste et qui a toujours été pour moi un précieux appui, MM. Dannery, juge d'instruction, Gorteau, juge, Montarlot, substitut, et Sence, juge de paix.

M. Guérin de Vaux, juge suppléant, et M. Perrin, contrôleur des contributions directes, sont demeurés pendant le combat, sur les barricades, comme gardes nationaux.

Au milieu des circonstances difficiles et périlleuses que nous avons traversées, j'ai toujours rencontré dans mes collègues de l'Administration municipale et dans les membres du Conseil, le concours le plus sympathique ; je suis heureux de leur en rendre ici le témoignage. ///

Puisque je cite ceux qui ont fait leur devoir, je ne saurais omettre les docteurs Anthoine et Raimbert ; ils se sont montrés infatigables, en soignant les blessés, dans nos hospices, où les sœurs de Saint-Vincent-de-Paul et de Saint-Paul rivalisent de zèle et de dévouement avec eux. — M. le docteur Hiblot, qui se trouvait absent de Châteaudun le 18 octobre, s'est empressé d'y revenir, pour se joindre à ses confrères.

Nos maisons sont en cendres, notre commerce est anéanti, nos fortunes sont détruites ou gravement compromises, une grande quantité de nos habitants sont sans asile, sans vêtements et sans pain ; toutes ces ruines. toutes ces misères sont affreuses, cependant elles sont supportées avec une résignation admirable par les victimes, et nous aurons moins à les déplorer s'il en doit sortir un exemple utile, si les populations veulent bien enfin comprendre qu'elles ne doivent pas se laisser paralyser par le système de terrorisme que la Prusse a organisé, et qu'il leur suffit de se soulever et de lutter avec énergie pour purger la France des armées de barbares qui la ravagent depuis trop longtemps.

MONSIEUR LE MINISTRE ,

La ville de Châteaudun est reconnaissante et fière des témoignages de sympathique admiration qu'elle rencontre dans toute la France et auprès du Gouvernement de la Défense nationale, qui les a consacrés si glorieusement pour elle dans le décret du 20 octobre.

(1). M. Lemay, adjoint, a été blessé à l'hôtel de ville le 18 octobre dès le commencement de l'action.

Détruite en 1723 par un incendie dû à une cause accidentelle, elle a reçu des secours qui ont permis sa reconstruction. — Détruite aujourd'hui par le fer et le feu, dans un combat à outrance contre l'ennemi de notre pays, puisse-t-elle conserver et justifier encore son ancienne devise :

EXTINCTA REVIVISCO.

J'ai l'honneur d'être, Monsieur le Ministre, votre très-humble serviteur,

Signé : LUMIERE.

DÉLIBÉRATION DU CONSEIL MUNICIPAL DE CHATEAUDUN.

Séance du 19 octobre 1870.

L'an mil huit cent soixante-dix, le mercredi dix-neuf octobre, le Conseil municipal s'est réuni d'urgence, à l'Hôtel-de-Ville, à huit heures du matin, sous la présidence de M. Lumiere, Maire.

Par suite des événements d'hier, la permanence s'est trouvée interrompue de fait, et le Conseil n'a pu reprendre à peu près régulièrement le cours de ses travaux qu'à partir de ce matin. Il est juste toutefois d'ajouter que M. Lumiere, Maire, et M. Humery, Conseiller municipal, n'ont quitté l'Hôtel-de-Ville, hier soir, qu'à onze heures, et que MM. Gouin, Adjoint, Anthoine, Fanuel, Gendron, Géray, Goupille, Guyard, Lestrade, Lucas, Moisant, Pointdedette, Renou et Testanière, ont été retenus par d'autres devoirs civiques.

Le Conseil croit devoir consigner sommairement ici le précis des faits qui se sont passés dans la journée du 18 octobre 1870.

Vers midi, un corps d'armée prussien fort d'environ douze mille hommes, et composé d'infanterie, d'artillerie et de cavalerie, s'est présenté aux portes de la ville, par la route d'Orléans, et a établi ses pièces en batterie tout autour de la ville, à partir de cette route jusques et y compris le chemin de Lisambardière.

Aussitôt après, et sans aucune sommation, le bombardement a commencé sur un grand nombre de points à la fois, et a duré sans interruption jusqu'à sept heures du soir ; quant à la fusillade, elle n'a réellement cessé qu'à 10 heures.

De nombreux incendies ont été allumés par les bombes dans différents quartiers et n'ont pu être éteints, malgré le zèle et le courage déployés par les sapeurs-pompiers et les habitants qui travaillaient aux pompes et aux chaines jusque sous le feu de l'ennemi.

Douze maisons seulement auraient été incendiées et détruites par les bombes et obus lancés sur la ville ; dans les autres le feu aurait été mis à la main. Des déclarations attestant ces faits ont été produites en ce sens par des témoins *de visu.*

Un grand nombre d'édifices publics ont été atteints et plus ou moins endommagés par les projectiles ennemis.

Ce sont :

L'Hôtel-de-Ville ;
L'Hôtel de la Sous-Préfecture ;
L'Hôtel-Dieu ;
L'Église de la Madeleine ;
L'Église de Saint-Valérien ;
La Caserne de gendarmerie ;
Le Magasin à fourrages militaires ;
La Fontaine monumentale sur la Place ;
Le Tribunal civil ;
La Gare du chemin de fer.

Sont présents à la séance d'aujourd'hui, indépendamment de M. le Maire, MM. Gouin, Adjoint, Anthoine, Guyard, Lestrade, Moisant et Pointdedette.

M. le Sous-Préfet est introduit et assiste à la séance.

M. Guyard est élu secrétaire.

Après une démarche faite par M. le Sous-Préfet, M. le Maire et les Membres ci-dessus nommés du Conseil municipal, auprès du Général prussien installé à la gare du chemin de fer, un Colonel de hussards, se disant Commandant de la place de Châteaudun, s'est rendu à l'Hôtel-de-Ville, auprès du corps municipal.

Il remet à M. le Maire, la liste des réquisitions de guerre imposées à la ville par l'armée ennemie et qui devront être livrées aujourd'hui à 2 heures.

Ces réquisitions consistent en :

1,500 couvertures ;
100 k. de sel ;
100 k. de café ;
400 litres d'eau-de-vie ;
20,000 litres d'avoine.

M. le Maire répond à cette communication qu'en l'état actuel de la ville, incendiée et détruite en partie, et par suite du pillage exercé dans une foule de maisons de commerce, il est impossible de déférer à ces exigences.

Une Commission est néanmoins désignée et chargée de rechercher dans quelle mesure il pourrait être satisfait aux réquisitons imposées.

Cette Commission est composée de MM. Gouin et Pointdedette qui s'occupent immédiatement de la mission à eux confiée.

Une très-faible partie des réquisitions a été livrée et remise à l'armée, elle se compose de :

110 couvertures.
100 k. de sel.
100 k. de café.

Le Commandant de place exige en outre que les fonds se trouvant dans les caisses de l'État soient mis à la disposition de l'armée prussienne, et qu'un Conseiller municipal accompagne les Officiers de l'Intendance dans leurs recherches.

M. Guyard est désigné pour assister à cette opération.

Des perquisitions ont été faites aux caisses :

Du Receveur particulier des finances ;
Du Percepteur de Châteaudun ;
Du Percepteur de Marboué.
Du Receveur entreposeur des tabacs ;
Du Receveur de l'enregistrement et des domaines ;
Et du Receveur des postes.

Ces perquisitions faites dans les différentes caisses, par deux Officiers de l'Intendance prussienne, accompagnés de M. Guyard, ont produit une somme de quatre francs soixante-un centimes, trouvée dans les bureaux du percepteur de Marboué.

A la rentrée des membres du Conseil dans la salle de leurs séances, M. le Maire leur communique une nouvelle demande du Commandant de l'armée prussienne qui exige qu'une somme de deux cent mille francs lui soit versée, aujourd'hui même en espèces, à six heures du soir, au plus tard, sous peine de mesures violentes.

Une Commission composée de M. le Maire et de MM. Anthoine, Guyard et Lestrade, est chargée de recueillir, s'il est possible, chez les citoyens de bonne volonté, tout ou partie de la somme nécessaire au paiement de cette contribution.

Les nombreuses démarches faites auprès du très-petit nombre d'habitants restés dans la ville, par cette Commission, produisent une somme de cinquante-deux mille francs réalisable, en partie seulement, aujourd'hui même.

Le Conseil décide que cette somme constituant une avance faite au milieu d'épreuves douloureuses par des citoyens dévoués, la commune prend l'engagement de la rembourser à chacun des prêteurs, avec intérêt au taux de 5 pour cent par an.

A six heures précises, des Officiers de l'Intendance prussienne se présentent à l'effet d'encaisser les deux cent mille francs exigés de la commune comme contribution de guerre et, après des pourparlers avec M. le Maire qui explique l'impossibilité absolue, pour la ville, de réunir ce soir plus de trente-deux mille francs, ils consentent à recevoir cette somme dont ils donnent quittance, à la condition de toucher, demain jeudi à deux heures, une autre somme de vingt-mille francs comme complément pour solde de la contribution imposée, réduisant ainsi, sur l'insistance du Conseil, cette contribution au chiffre de cinquante-deux mille francs. Ils se retirent ensuite.

Avant de se séparer, le Conseil est heureux de pouvoir affirmer par un vote spécial, unanime, et approuver hautement et avec la plus grande énergie, la conduite ferme et courageuse tenue vis-à-vis de tous indistinctement, par M. Ernest Lumiere, Maire, dans toutes les circonstances difficiles où s'est trouvée la Commune et notamment dans les journées des 18 et 19 octobre 1870.

La séance est levée à sept heures du soir ;

Et les membres présents ont signé après lecture.

DÉCRET DU 20 OCTOBRE 1870.

La Délégation du Gouvernement de la défense nationale établie à Tours,

Considérant que la petite cité de Châteaudun, ville ouverte, a résisté héroïquement pendant plus de neuf heures, dans la journée du 18 octobre, aux attaques d'un corps prussien de plus de cinq mille hommes, qui n'a pu réussir à l'occuper qu'après l'avoir bombardée, incendiée et presque totalement réduite en cendres ;

Considérant que, dans cette mémorable journée, la Garde nationale sédentaire de Châteaudun s'est particulièrement distinguée par son énergie, sa constance et son patriotisme, à côté du corps des braves Francs-Tireurs de la ville de Paris ;

Considérant qu'il y a lieu de signaler à la France, par un décret spécial du Gouvernement, le noble exemple donné par la ville de Châteaudun aux villes ouvertes, exposées aux attaques de l'ennemi, et de subvenir aux premiers besoins de la population chassée de ses demeures par l'incendie et les obus prussiens ;

Décrète :

Art. 1er. — La ville de Châteaudun a bien mérité de la patrie.

Art. 2. — Un crédit de cent mille francs est ouvert au Ministère de l'intérieur pour aider la population de Châteaudun à réparer les pertes qu'elle a subies, à la suite de la belle résistance de la ville aux Prussiens, dans la journée du 18 octobre 1870.

Art. 3. — Les Ministres de l'intérieur et des finances sont chargés, chacun en ce qui le concerne, de l'exécution du présent décret.

Fait à Tours, le 20 octobre 1870.

Signé : AD. CRÉMIEUX, L. FOURICHON, GLAIS-BIZOIN, L. GAMBETTA.

Châteaudun, typ. H. Lecesne.

A Monsieur le Ministre de l'Intérieur

Le Maire de Châteaudun (Eure-et-Loir).

Châteaudun, 23 Octobre 1870.

Au nom de la ville de Châteaudun, j'ai l'honneur de vous adresser l'expression de sa profonde reconnaissance envers le Gouvernement de la Défense nationale, pour le décret du 20 de ce mois qui reconnaît et récompense si noblement la lutte que nous avons soutenue contre les Prussiens.

En attendant un rapport dont je réunis les éléments, permettez-moi de rectifier quelques faits qui ne sont pas reproduits bien exactement.

Les forces prussiennes étaient de plus de douze mille hommes, infanterie et cavalerie, avec 24 pièces d'artillerie.

Les pertes de l'ennemi, en tués et blessés, sont de plus de dix-huit cents hommes; le nombre de nos tués est d'une trentaine et les blessés peu nombreux. Je ne compte pas des assassinats commis après le combat par les Prussiens sur de paisibles habitants de tout âge.

Les incendies produits par le bombardement auraient été peu de chose, mais les incendies mis par la main des Prussiens ont causé des désastres immenses.

Merci pour le crédit de cent mille francs: il pourra parer aux premiers besoins, qui sont énormes et pressants; il sera bien nécessaire de faire davantage.

Notre brave Commandant de la Garde nationale volontaire n'est heureusement pas tué, mais blessé d'une manière assez fâcheuse à la mâchoire. Permettez-moi de vous demander si sa nomination de commandant est régularisée; il est bien à désirer qu'elle le soit.

On assure, et je le crois, que nous avions le prince Albert et le duc de Saxe pour présider à ces atrocités.

Il est bon de remarquer que nous n'avons été ni avertis ni sommés par l'ennemi; son premier mot est sorti de la bouche de ses canons.

J'ai l'honneur d'être, Monsieur le Ministre, votre très humble serviteur,
Signé: Lumière.

Châteaudun, le 15 novembre 1870.

J'ai l'honneur de vous remettre le rapport que je vous ai annoncé sur le combat et la prise de Châteaudun du 18 octobre dernier.

J'y joins la copie de quelques délibérations de notre Conseil municipal qui ont précédé cette journée, elles ajouteront des éclaircissements utiles à mon récit.

J'ai négligé beaucoup de détails qui sont loin d'être sans intérêt, mais j'ai craint d'allonger outre mesure mon rapport, qui est déjà fort long.

J'ai dû être très-sobre de réflexions, quoique le sujet en fasse naître beaucoup. Je veux cependant vous faire remarquer, et vous apprécierez facilement que la part à la charge de la guerre proprement dite, dans tout ce que nous avons subi, est infiniment moindre que la part du vandalisme et de la barbarie.

Veuillez croire, Monsieur le Ministre, à l'assurance de mes sentiments les plus respectueux et dévoués.

Signé: Lumière.

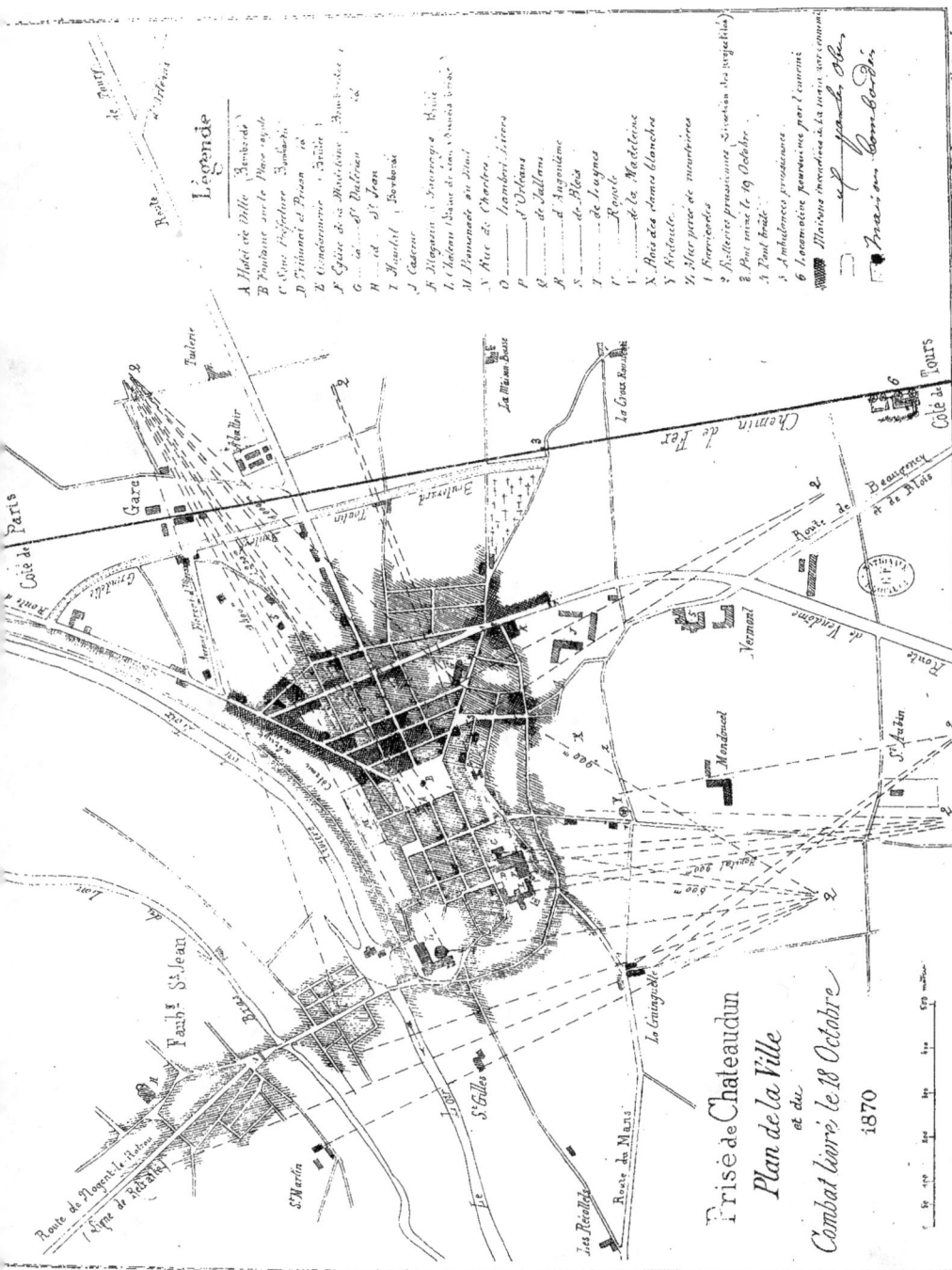

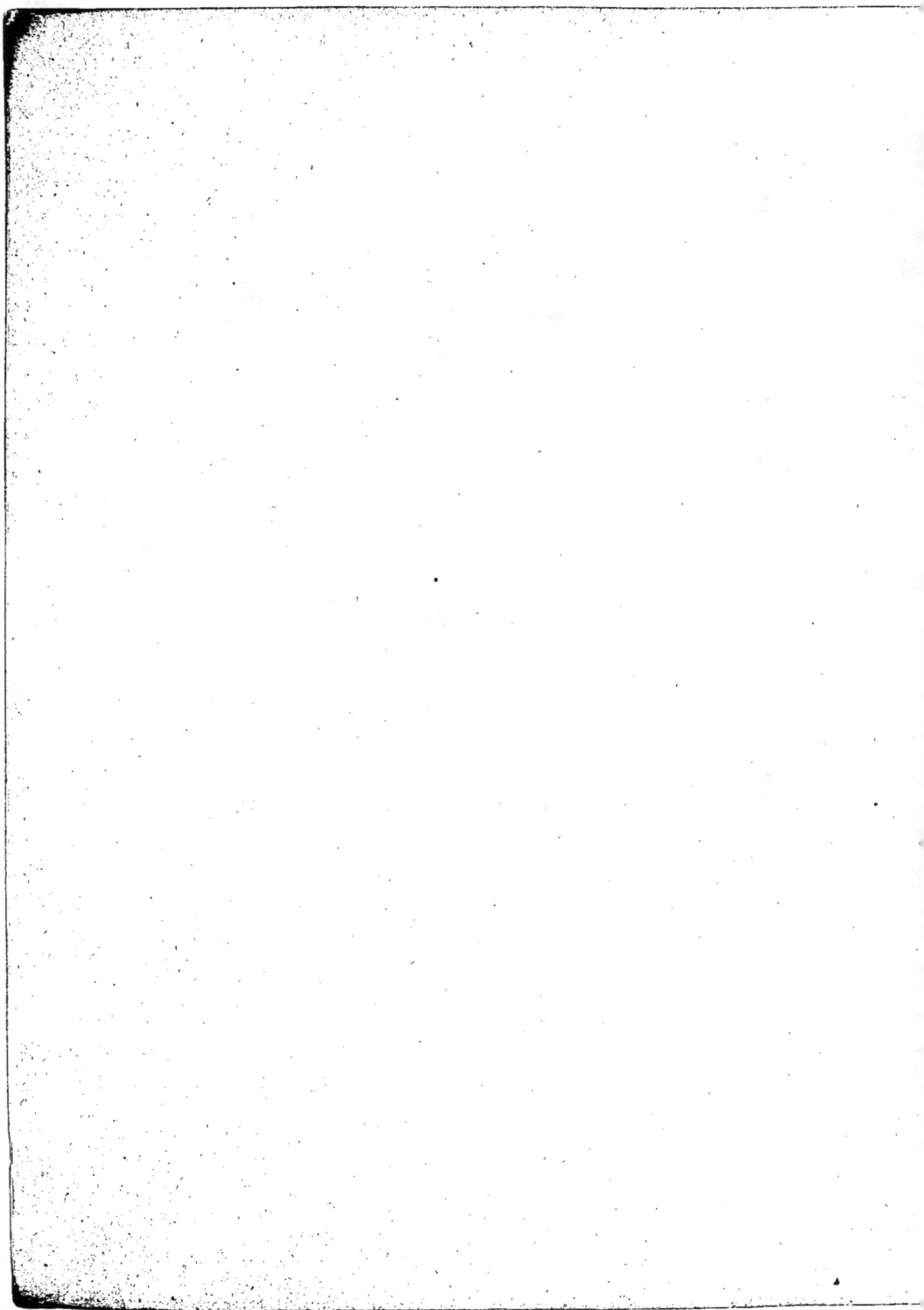

www.ingramcontent.com/pod-product-compliance
Lightning Source LLC
Chambersburg PA
CBHW060710280326
41933CB00012B/2381